RAPPORT

FAIT

AU NOM DE LA COMMISSION CENTRALE,

Par M. LE BARON DE MORTARIEU,

DÉPUTÉ DE TARN-ET-GARONNE,

Sur les douze Projets de Loi relatifs à des Circonscriptions de territoire.

IMPRIMÉ PAR ORDRE DE LA CHAMBRE.

CHAMBRE DES DÉPUTÉS.

RAPPORT

FAIT

AU NOM DE LA COMMISSION CENTRALE (1),

PAR M. LE BARON DE MORTARIEU,

DÉPUTÉ DE TARN-ET-GARONNE,

Sur les douze Projets de Loi relatifs à des Circonscriptions de territoire.

Séance du 9 Juin 1819.

MESSIEURS,

Le rapport dont j'ai l'honneur d'être chargé par votre commission, a pour objet douze pro-

(1) La commission était composée de MM. Delaunay (de la Mayenne), Verneilh de Puyraseau, de Cotton, Paul de Chateaudouble, Tronchon, le baron de Mortarieu, Mollien, Hay, Albert.

jets de loi déjà revêtus de la sanction de la Chambre des Pairs.

Ces projets de loi consommeraient des changemens à la circonscription de diverses communes, de divers arrondissemens et même de quelques départemens.

Les douze projets de loi que je viens de mettre à votre délibération, n'ont d'importance immédiate que pour les habitans de quelques communes des départemens de la Charente-Inférieure, de la Dordogne, du Doubs, du Lot, de Lot-et-Garonne, de Maine-et-Loire, de la Manche et du Calvados, du Var, des Basses-Pyrénées, de Vaucluse et de l'Yonne.

Si de ces douze projets, Messieurs, vous vous occupez pour un instant, les quatre qui concernent, 1° la commune d'*Escos* (Basses-Pyrénées); 2° la commune de *Beaurepos* (département de la Dordogne); 3° la commune de *Draci* (département de l'Yonne); 4° et les communes de *Dampierre* et du *Perrou* (départemens du Calvados et de la Manche); les huit autres projets concernant des mutations de limites; sur l'importance desquelles vous vous êtes déjà prononcés, dans votre dernière session, et sur mon propre rapport. Justifiées à vos yeux, en ce qu'elles rendaient plus facile et plus économique pour les intéressés l'action de la justice et de l'administration ; en ce qu'elles ouvraient à ces mêmes particuliers, des communications plus commodes et des débouchés plus sûrs pour leur commerce; vous les revêtîtes de votre sanction ; mais elles étaient confondues dans un seul corps de loi avec une autre mutation de limites cantonnales et de chefs-lieu de sous-préfecture, concernant les villes de *Wissembourg* et de *Haguenau* (département du Bas-Rhin) ; mutation sur laquelle la Chambre des Pairs fut portée, par des éclaircissemens particuliers, à adopter un avis différent du vôtre.

De cette divergence d'opinion des deux Chambres sur un seul des articles d'une loi commune à beaucoup d'autres opérations semblables, consenties des deux parts, il ne résultait pas moins la nécessité du retour de la loi commune, à une nouvelle délibération de votre part. La session fut close avant que ce renvoi pût être effectué ; et l'ordre de vos travaux de la session actuelle a retardé jusqu'à ce moment la présentation de ses affaires à une nouvelle sanction de cette Chambre; sanction qu'il ne me paraît pas douteux que vous accordiez, puisque, quant aux points seuls remis à l'é-

preuve de votre délibération, aucun motif
nouveau d'opposition n'a été présenté.

Il reste donc, pour matière à une délibération primordiale de cette Chambre, dans les
objets distincts du présent rapport, les quatre
projets de loi, nouveaux pour vous, Messieurs,
dont je vous ai prié de distraire un moment
votre attention, : il est temps d'y revenir.

L'un de ces projets de loi, Messieurs, distrait la
commune d'Escos du canton de Bidache, arrondissement de Baïonne, pour la réunir au
canton de Salies, arrondissement d'Orthez,
département commun. Les Basses-Pyrénées.

Un second projet distrait la commune de
Beaurepos de l'arrondissement de Sarlat, département de la Dordogne, pour la réunir au
canton de Souillac, arrondissement de Gourdon, département du Lot.

Un troisième projet, distrait la commune de
Draci du canton d'Aillan, arrondissement de
Joigny, pour la réunir au canton de Toucy,
arrondissement d'Auxerre, département commun, l'Yonne.

Les changemens opérés par ces trois projets,
réunissent en leur faveur, le vœu de toutes les
autorités locales administratives et judiciaires
et des conseils municipaux, vœu légalement

constaté par toutes les pièces authentiques dé-
sirables. La Chambre des Pairs et votre commission se sont rendues à ce vœu unanime, et j'ai
lieu de croire que vous n'hésiterez pas à y join-
dre votre sanction.

Je passe au quatrième et dernier des projets
nouveaux, celui qui a pour objet de transporter
à l'enceinte de la commune du Perrou, département de la Manche, une partie de territoire de population jusqu'alors comprise
dans la commune de Dampierre, département
du Calvados.

A ce sujet, la Chambre des Pairs et votre
commission n'ont pas trouvé, dans les documens
de l'affaire, toute l'unanimité des vœux dési-
rable chez les parties intéressées. La difficulté
que résout le projet de loi est élevée depuis
longues années. Dès 1813, les opérations ca-
dastrales ayant fait ouvrir les yeux sur l'extrême
confusion qui régnait dans les limites des deux
communes de Dampierre et du Perrou, on s'ef-
força d'y remédier, et le choc des intérêts locaux
ne produisit aucun résultat satisfaisant. Cepen-
dant les territoires respectifs s'embranchent l'un
dans l'autre par des angles et des contours
d'une confusion extrême, à tel point et d'une
manière tellement embarrassante pour tous les

services administratifs, judiciaires et religieux, que Sa Majesté a cru devoir, le 26 février 1817, par une ordonnance, arrêter provisoirement la mutation que le projet dont il s'agit consommerait légalement. Cette ordonnance portait:

Vu les avis des préfets du Calvados et de la Manche, tendant à faire régler la délimitation de ces départemens entre les communes de Dampierre et du Perrou;

Vu le plan des lieux et le procès-verbal de cette délimitation;

Vu le rapport du Directeur des contributions directes, et les délibérations des conseils municipaux desdites communes;

Notre Conseil-d'Etat entendu,

Nous avons ordonné et ordonnons ce qui suit :

ARTICLE PREMIER.

Les limites entre les communes de Dampierre, département du Calvados et du Perrou, département de la Manche, sont fixées par la rivière de Bélée, jusqu'à son embouchure dans celle de la Drôme; en conséquence, tous les terrains situés au delà de cette rivière, et entre les chemins de Saint-Lo, à Voie et de Thorigny à Caumont, tracés au plan ci-annexé, seront exclusivement imposés dans le département de la Manche et dans la commune du Perrou, sans préjudice des droits d'usage et autres que la commune de Dampierre peut y avoir.

ART. 2.

Par l'exécution donnée à cette ordonnance royale, plus efficacement que par tout autre évènement, ont été provoquées des discussions approfondies sur le mérite de cette mesure du gouvernement. Ses résultats, quant aux habitans et au territoire, dont le destin communal est changé, sont l'attribution à la commune du Perrou de deux cents hectares de terrain et à peu près deux cents habitans distraits de la commune de Dampierre, qui n'y perd pas un quart de son importance sous ces deux rapports.

La seule objection sérieuse qu'on y oppose, consiste à dire que l'église de la commune du Perrou ne suffira pas à cet accroissement du nombre de ses paroissiens, et que les nouveaux appelés à y suivre les offices divins, vont avoir à contribuer aux réparations de cette église nouvelle pour eux, sans égard aux dépenses qu'ils ont eu a supporter pour le même objet dans la commune dont on les sépare.

Du reste, les convenances locales, ont paru

à votre commission bien démontrées, les habitans de Dampierre, réunis à la commune du
Perron, sont beaucoup plus rapprochés de
cette dernière du chef-lieu du canton et de
l'arrondissement dont elle dépend, que ceux
dont Dampierre fait partie.

D'un autre côté, leurs communications avec
Dampierre sont moins faciles, dans le temps de
débordement de la rivière de Belée. Le territoire contesté est enclavé dans le département
de la Manche; enfin, la limite par cette rivière
et par celle de la Drôme, bornera plus natu-
rellement les deux départemens qu'une délimitation à travers des champs bornés par des
fossés que des particuliers pourraient changer;
toutes ces considérations qui ont réuni l'assen-
timent du conseil d'État dans les avis prépa-
ratoires de l'ordonnance suscitée, qui avaient
concilié, auparavant, les autorités locales consul-
tées dans cette affaire, et qui, enfin, ont fixé la
résolution conforme de la Chambre des Pairs
et de la commission dont j'ai l'honneur d'être
l'organe; toutes ces considérations, dis-je,
vous porteront sans doute à voter pour l'adoption de ce douzième projet de loi, comme pour
l'adoption de ceux dont j'ai eu l'honneur de
vous entretenir en premier lieu, et c'est à quoi
j'ai l'honneur de conclure.

PROJETS DE LOI.

LOUIS, par la grâce de Dieu, ROI DE FRANCE ET DE NAVARRE;

A tous ceux qui ces présentes verront; salut :

Nous avons ordonné et ordonnons que le projet de loi dont la teneur suit, adopté par la Chambre des Pairs, soit présenté, en notre nom, à la Chambre des Députés, par notre Ministre Secrétaire d'Etat, au département de l'intérieur, et par les sieurs Guizot, directeur général de l'administration communale et départementale, et baron Capelle, conseiller en notre conseil d'Etat, que nous chargeons d'en exposer les motifs et d'en soutenir la discussion.

ARTICLE UNIQUE.

Les communes de la Chevillotte, de Gennes, de Mamirolles, de Graterie, de Montfaucon, de Morre et de Saône, faisant actuellement partie du canton de Roulans, arrondissement de

Beaune, département du Doubs, seront distraites de ce canton et réunies au canton (nord) de la ville de Besançon, arrondissement de Besançon.

Donné en notre château des Tuileries le 18 mai de l'an de grâce 1819, et de notre règne le vingt-quatrième.

Signé : LOUIS.

Par le Roi :

Le Ministre Secrétaire d'État au
département de l'intérieur,

Signé : le comte DE CAZES.

———————————

LOUIS, par la grâce de Dieu, ROI DE FRANCE ET DE NAVARRE;

A tous ceux qui ces présentes verront, salut.

Nous avons ordonné et ordonnons que le projet de loi dont la teneur suit, adopté par la Chambre des Pairs, soit présenté en notre nom à la Chambre des Députés, par notre Ministre Secrétaire d'État au département de l'intérieur, et par les sieurs Guizot, Directeur général de

l'administration communale et départementale,
et baron Capelle, conseiller en notre conseil
d'état, que nous chargeons d'en exposer les
motifs, et d'en soutenir la discussion.

ARTICLE UNIQUE.

Le canton de Briolay est distrait de l'arrondissement de Segré, et réuni à l'arrondissement d'Angers, département de Maine-et-
Loire.

Donné au château des Tuileries le 18 mai
de l'an de grâce 1819, et de notre règne le
vingt-quatrième.

Signé : LOUIS;

Par le Roi :

Le Ministre Secrétaire d'État au
département de l'intérieur ;

Signé : le comte DE CAZES.

LOUIS, par la grâce de Dieu, ROI DE FRANCE
ET DE NAVARRE;

À tous ceux qui ces présentes verront, salut :

Nous avons ordonné et ordonnons que le

projet de loi, dont la teneur suit, adopté par la Chambre des Pairs, soit présenté en notre nom, à la Chambre des Députés, par notre Ministre Secrétaire-d'Etat au département de l'intérieur, et par les sieurs Guizot, directeur général de l'administration communale et dé partementale, et baron Capelle, conseiller en notre conseil d'Etat, que nous chargeons d'en exposer les motifs, et d'en soutenir la dis cussion.

ARTICL UNIQUE.

La commune de Saint-Chamassy, départe- ment de la Dordogne, est distraite du canton de Saint-Alvère, arrondissement de Bergerac, et réunie au canton de Saint-Cyprien, arron- dissement de Sarlat.

Donné au château des Tuileries, le 18 mai de l'an de grâce 1819, et de notre règne le vingt- quatrième.

Signé : LOUIS.

Par le Roi :

Le Ministre Secrétaire-d'Etat au dépar tement de l'intérieur.

Signé : le comte DE CAZES.

LOUIS, par la grâce de Dieu, Roi de France, et de Navarre;

A tous ceux qui ces présentes verront; salut:

Nous avons ordonné et ordonnons que le projet de loi dont la teneur suit, adopté par la Chambre des Pairs, soit présenté, en notre nom, à la Chambre des Députés, par notre Ministre Secrétaire d'Etat au département de l'intérieur, et par les sieurs Guizot, directeur général de l'administration communale et départementale, et baron Capelle, conseiller en notre conseil d'Etat, que nous chargeons d'en exposer les motifs, et d'en soutenir la discussion.

ARTICLE UNIQUE.

La commune de Mourrens, département de Lot-et-Garonne, est distraite du canton et de l'arrondissement de Nérac, et réunie au canton de La Plume et à l'arrondissement d'Agen.

Donné au Château des Tuileries, le dix-huit

mai 1819, et de notre règne le vingt-quatrième.

Signé : LOUIS.

Par le Roi,

Le Ministre Secrétaire d'État au
département de l'intérieur,

Signé : le comte DE CAZES.

LOUIS, par la grâce de Dieu, Roi DE FRANCE
ET DE NAVARRE; salut!

A tous ceux qui ces présentes verront, salut!

Nous avons ordonné et ordonnons que le
projet de loi dont la teneur suit, adopté par
la Chambre des Pairs, soit présenté, en notre
nom, à la Chambre des Députés par notre
Ministre Secrétaire d'État au département de
l'intérieur et par les sieurs Guizot, directeur
général de l'administration communale et
départementale, et Baron Capelle, Conseiller
en notre conseil d'État, que nous chargeons
d'en exposer les motifs et d'en soutenir la
discussion.

ARTICLE UNIQUE.

La commune d'Aubignan, département de Vaucluse est distraite du canton de Beaumes et de l'arrondissement d'Orange : elle sera réunie à l'arrondissement et au canton (nord) de Carpentras.

Donné en notre Château des Tuileries le 18 mai de l'an de grâce 1819, et de notre règne le vingt-quatrième.

Signé : LOUIS.

Par le Roi,

Le Ministre Secrétaire d'État au département de l'intérieur,

Signé : Le comte DE CAZES.

LOUIS, par la grâce de Dieu, ROI DE FRANCE ET DE NAVARRE;

À tous ceux qui ces présentes verront, salut:

Nous avons ordonné et ordonnons que le projet de loi dont la teneur suit, adopté par la Chambre des Pairs, soit présenté en notre nom à la Chambre des Députés, par notre Ministre Secrétaire d'État au département de l'intérieur,

N.° 119.

2

et par les sieurs Guizot, directeur général de
l'administration communale et départementale,
et baron Capelle, conseiller en notre conseil
d'État, que nous chargeons d'en exposer les
motifs et d'en soutenir la discussion.

ARTICLE UNIQUE.

La commune de Benon est distraite du canton
de Surgères et de l'arrondissement de Roche-
fort; elle sera réunie au canton de Courçon
et à l'arrondissement de la Rochelle, département de la Charente-Inférieure.

Donné en notre Château des Tuileries, le 18
mai, de l'an de grâce 1819, et de notre règne
le vingt-quatrième.

Signé LOUIS.

Par le Roi;

*Le Ministre Secrétaire d'État au
département de l'intérieur,*

Signé, le comte DE CAZES.

———

LOUIS, par la grâce de Dieu, ROI DE FRANCE
ET DE NAVARRE;

A tous ceux que ces présentes verront; salut!

(19)

Nous avons ordonné et ordonnons que le projet de loi, dont la teneur suit, adopté par la
Chambre des Pairs, soit présenté, en notre
nom, à la Chambre des Députés, par notre Ministre Secrétaire-d'Etat au département de l'intérieur, et par les sieurs Guizot, directeur général de l'administration communale et départementale, et baron Capelle, conseiller en
notre conseil d'Etat, que nous chargeons d'en
exposer les motifs et d'en soutenir la discussion.

ARTICLE UNIQUE.

La commune d'Escos est distraite du canton
de Bidache, arrondissement de Bayonne, département des Basses-Pyrénées, et réunie au
canton de Salies, arrondissement d'Orthez.

Donné au château des Tuileries, le 18 mai
de l'an de grâce 1819, et de notre règne le
vingt-quatrième.

Signé : LOUIS.

Par le Roi,

*Le Ministre Secrétaire-d'Etat au
département de l'intérieur,*

Signé : le comte DE CAZES.

LOUIS, par la grâce de Dieu, Roi de France et de Navarre;

A tous ceux qui ces présentes verront, salut :

Nous avons ordonné et ordonnons que le projet de loi dont la teneur suit, adopté par la Chambre des Pairs, soit présenté en notre nom, à la Chambre des Députés, par notre Ministre Secrétaire-d'État au département de l'intérieur, et par les sieurs Guizot, Directeur général de l'administration communale et départementale, et baron Capelle, conseiller en notre Conseil-d'État, que nous chargeons d'en exposer les motifs et d'en soutenir la discussion.

ARTICLE UNIQUE.

La commune de Beaurepos est distraite de l'arrondissement de Sarlat, département de la Dordogne, et réunie au canton de Souillac, arrondissement de Gourdon, département du Lot.

Donné au château des Tuileries, le 18 mai

l'an de grâce mil huit cent dix-neuf, et de notre règne le vingt-quatrième.

Signé : LOUIS.

Par le Roi ;

Le Ministre Secrétaire d'État au Département de l'Intérieur :

Signé : le comte DE CAZES.

LOUIS, par la grâce de Dieu, ROI DE FRANCE ET DE NAVARRE ;

A tous ceux qui ces présentes verront ; salut :

Nous avons ordonné et ordonnons que le projet de loi dont la teneur suit, adopté par la Chambre des Pairs, soit présenté, en notre nom, à la Chambre des Députés, par notre Ministre Secrétaire d'État au département de l'intérieur, et par les sieurs Guizot, directeur général de l'administration communale et départementale, et baron Capelle, conseiller en notre conseil d'État, que nous chargeons d'en exposer les motifs et d'en soutenir la discus-

ARTICLE UNIQUE.

La commune de Draci est distraite du canton d'Aillan, arrondissement de Joigny, département de l'Yonne, et réunie au canton de Toucy, arrondissement d'Auxerre.

Donné au Château des Tuileries, le 18 mai 1819, et de notre règne le vingt-quatrième.

Signé : LOUIS.

Par le Roi :

Le Ministre Secrétaire d'État au département de l'intérieur,

Signé : Le Comte DE CAZES.

————

LOUIS, par la grâce de Dieu, ROI DE FRANCE ET DE NAVARRE ;

À tous ceux qui ces présentes verront, salut.

Nous avons ordonné et ordonnons que le projet de loi dont la teneur suit, adopté par la Chambre des Pairs, soit présenté, en notre nom, à la Chambre des Députés, par notre Ministre Secrétaire d'État au département de l'intérieur, et par les sieurs Guizot, directeur général de l'administration communale et de parlementale, et baron Capelle, conseiller en notre conseil d'État, que nous chargeons d'en exposer les motifs, et d'en soutenir la discussion.

ARTICLE UNIQUE.

La commune de Chemilly, département de l'Yonne, est distraite du canton de Noyers, et de l'arrondissement de Tonnerre, et réunie au canton de Chablis, et à l'arrondissement d'Auxerre.

Donné au Château des Tuileries, le 18 mai de l'an de grâce 1819, et de notre règne le vingt-quatrième.

Signé : LOUIS.

Par le Roi :

Le Ministre Secrétaire d'État au département de l'intérieur,

Signé : le comte DE CAZES.

LOUIS, par la grâce de Dieu, ROI DE FRANCE ET DE NAVARRE ;

À tous ceux qui ces présentes verront ; salut :

Nous avons ordonné et ordonnons que le projet de loi, dont la teneur suit, adopté par la

Chambre des Pairs, soit présenté, en notre nom, à la Chambre des Députés, par notre Ministre Secrétaire-d'État au département l'intérieur, et par les sieurs Guizot, directeur général de l'administration communale et départementale, et baron Capelle, conseiller en notre conseil d'État, que nous chargeons d'en exposer les motifs et d'en soutenir la discussion.

ARTICLE UNIQUE.

La partie du territoire et de la population de la commune de Dampierrre, département du Calvados, qui, par l'ordonnance royale du 26 février 1817, a été réunie à la commune du Perron, département de la Manche, est comprise définitivement dans ce département, et dans la juridiction du tribunal civil de Saint-Lô.

Donné au Château des Tuileries, le 18 mai de l'an de grâce 1819, et de notre règne le vingt-quatrième.

Signé, LOUIS.

Par le Roi :

Le Ministre Secrétaire d'État au département de l'intérieur,

Signé : Le comte DE CAZES.

LOUIS, par la grâce de Dieu, ROI DE FRANCE ET DE NAVARRE;

A tous ceux qui ces présentes verront; salut.

Nous avons ordonné et ordonnons que le projet de loi dont la teneur suit, adopté par la Chambre des Pairs, soit présenté, en notre nom, à la Chambre des Députés, par notre ministre secrétaire d'État, au département de l'intérieur, et par les sieurs Guizot, directeur général de l'administration communale et départementale, et Baron Capelle, conseiller en notre conseil d'État, que nous chargeons d'en exposer les motifs et d'en soutenir la discussion.

ARTICLE UNIQUE.

La commune de Thoronet, département du Var, est distraite du canton de Besse, arrondissement de Brignoles, et réunie au canton de Lorgues, arrondissement de Draguignan.

Donné au Château des Tuileries, le 18 mai

N° 119.

5

(26)

de l'an de grâce 1819, et de notre règne le
vingt-quatrième.

Signé : LOUIS.

Par le Roi.

*Le Ministre secrétaire d'État au
département de l'intérieur,*

Signé : Le comte DE CAZES.

HACQUART, Imprimeur de la Chambre des Députés C^{les}
Gît-le-Cœur, n° 8.